DATE DUE

¡QUÉ DESASTRE!

HURACÁN

por Jessica Rudolph

Consultor:
Dr. Charles A. Doswell III
Doswell Scientific Consulting
Investigador de Tormentas Severas de NOAA (jubilado)

BEARPORT PUBLISHING

New York, New York

Créditos

Cubierta, © iStockphoto/Thinkstock; 4–5, © Danita Delimont/Alamy; 6–7, © Zacarias Pereira da Mata/Alamy; 8–9, © dpa/Corbis; 10–11, © AP Photo/David J. Phillip; 12–13, © Marko Georgiev/Getty Images; 14–15, © ERIC GAY/AP/Corbis; 16, © Chris Sattlberger/Anzenberger/Redux; 16–17, © PATRICK SCHNEIDER KRT/Newscom; 18–19, © Jose Luis Magana/AP/Corbis; 20–21, © Julie Dermansky/Corbis; 21, © Scott Houston/Corbis; 22, © dpa/Corbis; 23TL, © Dubova/Shutterstock; 23TR, © paintings/Shutterstock; 23BL, © Danita Delimont/Alamy; 23BR, © AP Photo/Alan Diaz.

Editor: Kenn Goin
Director creativo: Spencer Brinker
Diseñadora: Debrah Kaiser
Editor de fotografía: Picture Perfect Professionals, LLC
Traductora: Eida Del Risco
Editora de español: Queta Fernandez

Datos de catalogación de la Biblioteca del Congreso

Rudolph, Jessica, author.
  [Hurricane. Spanish]
  Huracán / por Jessica Rudolph ; consultor: Dr. Charles A. Doswell III, Consultoría Científica Doswell Investigador de Tormentas Severas de NOAA (retirado).
      pages cm. — (¡Qué Desastre!)
  Includes bibliographical references and index.
  ISBN 978-1-62724-249-3 (library binding) — ISBN 1-62724-249-X (library binding)
  1. Hurricanes—Juvenile literature. I. Title.
  QC944.2.R8318 2014
  551.55'2—dc23
                              2013044162

Para más información, escriba a Bearport Publishing Company, Inc., 45 West 21st Street, Suite 3B, New York, New York 10010. Impreso en los Estados Unidos de América.

10 9 8 7 6 5 4 3 2

CONTENIDO

Huracanes 4

Datos sobre los huracanes. . . .22

Glosario 23

Índice. 24

Lee más. 24

Lee más en Internet 24

Acerca de la autora 24

HURACANES

La lluvia azota la **costa**.

Los árboles se doblan a causa de los vientos arremolinados.

¡Se acerca un **huracán**!

Un huracán es una tormenta gigante que gira. Trae mucha lluvia y vientos fuertes.

El viento bate las aguas del océano.

¡Crach!

¡Las olas rompen contra la playa!

A los huracanes también se les llama tifones o ciclones.

Los huracanes se forman sobre el océano.

A veces se mueven hasta la costa.

En la tierra, los huracanes son peligrosos.

tierra

Los huracanes son enormes. Pueden tener 1000 millas (1609 km) de ancho.

océano

huracán

Los vientos de un huracán echan abajo árboles.

Hacen estallar ventanas.

¡Arrancan los techos de las casas!

Los vientos de un huracán pueden soplar a más de 155 mph (249 kph).

Los vientos de los huracanes llevan a la tierra masas de agua del mar.

Estas se llaman marejadas.

Las lluvias y las marejadas causan **inundaciones**.

Las marejadas pueden alcanzar los 20 pies (6 m) de altura.

El agua de las inundaciones cubre las calles.

Torrentes de agua entran en las casas.

A veces, la gente queda atrapada por el agua.

Los rescatistas tratan de salvar a la gente atrapada por las inundaciones.

En ocasiones, los huracanes tardan días en llegar a tierra.

Así la gente tiene tiempo de ponerse a salvo.

Revisa el **pronóstico del tiempo** para saber si se acerca un huracán.

¡Si se acerca un huracán, quédate en casa!

Aléjate de las ventanas.

Así, los vidrios rotos no te golpearán.

Mucha gente cubre las ventanas con paneles antes de que llegue el huracán para impedir que el viento y los objetos voladores rompan los cristales.

Con frecuencia, los huracanes destruyen casas y pueblos completos.

La gente trataba duro para reconstruirlos después de la tormenta.

Se puede tardar muchos años en reparar los daños causados por un huracán.

21

DATOS SOBRE LOS HURACANES

- Los huracanes giran en círculos. El centro se llama ojo.

ojo

- La mayoría de los huracanes de Estados Unidos ocurren en el sureste del país.

- A los huracanes se les pone nombres. Algunos huracanes que han azotado a Estados Unidos se han llamado Andrew, Rita y Katrina.

- Los vientos huracanados y las marejadas pueden echar abajo las líneas eléctricas y dejarnos sin luz.

- Si vives en una zona de huracanes, ten siempre a mano linternas, mantas, agua embotellada y comida.

GLOSARIO

costa: tierra que corre a lo largo del océano

inundaciones: enormes corrientes de agua que se extienden por la tierra

huracán: una tormenta que se forma en el océano, con mucha lluvia y vientos fuertes

pronósticos del tiempo: reportes que dicen cómo será el tiempo en las próximas horas o días

23

ÍNDICE

costa 4–5, 6–7, 8, 16–17
daños 10–11, 12–13, 14–15, 20–21
inundación 12–13, 14–15
lluvia 4–5, 13

océano 4–5, 6–7, 8–9, 16–17
medidas de seguridad 16–17, 18–19
vientos 4–5, 6–7, 10–11, 13, 18

LEE MÁS

Gibbons, Gail. *Hurricanes!* New York: Holiday House (2009).

Simon, Seymour. *Hurricanes.* New York: HarperCollins (2003).

LEE MÁS EN INTERNET

Para saber más sobre tornados, visita
www.bearportpublishing.com/ItsaDisaster!

ACERCA DE LA AUTORA

Jessica Rudolph vive en Connecticut. Ha escrito
y editado muchos libros para niños sobre
historia, ciencia y naturaleza.